3 FEVR. 1866

P

COLLECTION DE M. B**

TABLEAUX

MODERNES

VENTE DU SAMEDI 3 FÉVRIER 1866

HOTEL DROUOT, SALLE Nᵒ 1

EXPOSITION PUBLIQUE

LE VENDREDI 2 FÉVRIER, DE 1 A 5 HEURES

COMMISSAIRE-PRISEUR	EXPERT
Mᵉ BOUSSATON	M. EMM. VEYL
7, rue Le Peletier.	15, rue Laffitte.

IMPRIMERIE J. CLAYE
RUE SAINT BENOIT 7

PARIS

CATALOGUE

DES

TABLEAUX

MODERNES

COMPOSANT

LA COLLECTION DE M. B**

DONT LA VENTE PUBLIQUE AURA LIEU

HÔTEL DROUOT, SALLE N° 1

AU PREMIER ÉTAGE

Le Samedi 3 Février 1866, à 2 heures

PAR LE MINISTÈRE DE M° **BOUSSATON**, COMMISSAIRE-PRISEUR

RUE LE PELETIER, 7

ASSISTÉ DE **M. EMM. VEYL**, M^d DE TABLEAUX MODERNES

15, rue Laffitte.

EXPOSITION PUBLIQUE

LE VENDREDI 2 FÉVRIER, DE 1 A 5 HEURES

1866

CONDITIONS DE LA VENTE

Elle sera faite au comptant.

Les adjudicataires payeront, en sus des enchères, cinq pour cent applicables aux frais.

DÉSIGNATION

TABLEAUX

BARON

1820 1. — Les Cerfs-volants.   *1320 —*

255 2. — Jeune Femme cueillant des fruits.

ROSA BONHEUR

148 3. — Vache blanche.

140 4. — Vache noire.

BRISSOT

305 5. — Marché aux Pyrénées.

BROWN (J.-L.)

62 6. — Jockey sur un poney.

170 7. — Chevaux en liberté.

CHAVET

125 — 8. — Loisirs champêtres.

111 — 9 bis *f[emmes ...]*

DE COCK

120 — 9. — Paysage.

COTTIN

10. — Intérieur de ferme.

CALAME

11. — Chaumières suisses.

60 — 12. — Ruines d'une chapelle.

80 — 13. — Le Lac de Dancy.

COROT

320 — 14. — L'Étang de Ville-d'Avray.

291 — 15. — Vaches dans un paysage.

300 — 16. — Route dans un bois.

COUVERCHEL

17. — Leçon d'équitation d'un jeune Arabe.

DEVEDEUX

18. — Enfants dans une cuisine.
19. — Le Départ.

DELACROIX (Eug.)

20. — Un Arabe à cheval.

DIAZ

21. — Sous bois.
22. — Forèt de Fontainebleau.

DURAND-BRAGER

23. — Un gros temps.
24. — Incendie d'un bâtiment américain.

DUPRÉ (V.)

25. — Paysage.

DUPONT (A.)

26. — Tête de vestale.

FRÈRE (Th.)

27. — Arabes en voyage.

28. — Femmes égyptiennes en voyage.

29. — Un Bazar à Beyrouth.

30. — Le Gué.

31. — Caravane dans le désert.

32. — Ruines de Karmul à Thèbes.

GIACOMETTI

33. — La Chanteuse.

GOY (de Londres)

34. — Les Correspondances.

GUDIN

35. — Marine; effet de soleil.

36. — Marine; effet d'orage.

37. — Effet de soleil; temps d'orage.

38. — Une tempête.

GUILLEMIN

300 — 39. — La Déclaration soufflée.   *300*

82 — 40. — Fête de village.

HUBERT (de Vienne)

41. — Chariot hongrois.

181 42. — Cerfs dans un paysage.

HUGARD

158 43. — Un Gouffre; effet de lune.

ISABEY (Eug.)

250 44. — Port d'Amsterdam.

450 45. — Une Tempête.   *450*

JACQUAND (C.)

46. — Le Tribut.

JACQUE (C.)

175 47. — Moutons au pâturage.

LANFANT DE METZ

168 48. — Les Jeunes Filles aux fleurs.

130 49. — Les Jeunes Filles aux fruits.

150 50. — Les Modistes.

200 51. — L'Abbé galant.

LAMBINET (E.)

210 52. — Paysage.

190 53. — Environs de Bougival.

LASSALLE (L.)

275 54. — Paysage.

LE POITTEVIN

365 55. — La Pêcheuse de crevettes.

LELEUX (Ar.)

130 56. — L'Écrivain public.

LERAY

57. — La Laitière.
58. — Le Chien favori.

MAROHN

59. — Le Chariot.
60. — Les Boules de neige.

MORICOURT

61. — La Triste nouvelle.

MILLET

62. — Étude de femme.

PÉCRUS

63. — Conversation.
64. — L'Oiseau favori.
65. — La Toilette.

PICOU

66. — Odalisque endormie.

RAFFALT (de Vienne)

110 — 67. — Bohémienne portant son enfant

68. — Paysannes hongroises.

RIBOT

500 69. — Les Bulles de savon.

RICHALM

70. — L'Aveu.

SEiGNAC (P.)

71. — Les Confitures.

200 — 72. — Les Bulles de savon.

SMAU (J.)

73. — Nature morte.

SOYER

385 — 74. — La Berceuse endormie.

TASSAERT

75. — La Petite fille à la chèvre.

76. — Paysage avec figures.

77. — Les Jeux innocents.

TROYON

78. — Charrette attelée de bœufs.

VERLAT

79. — Chiens guettant un chat.

ZIEM

80. — Vue de Venise.

81. — Vue d'Orient ; soleil couchant.

82. — Jardin français à Venise.

DESSINS

BARYE

83. — Une Panthère.
84 — Une Chèvre.

DELACROIX (Eug.)

85. — Un Chef arabe.

GUDIN

86. — Le Naufragé; aquarelle.

LAMI (Eug.)

87. — Un Hussard à cheval; aquarelle.
88. — Cheval à l'écurie; aquarelle.

RAFFET

89. — Deux soldats en marche.

VERNET (Hor.)

90. — Hussard et son cheval dans une église; aquarelle.

PARIS. — J. CLAYE, IMPRIMEUR, RUE SAINT-BENOIT, 7.